Couverture inférieure manquante

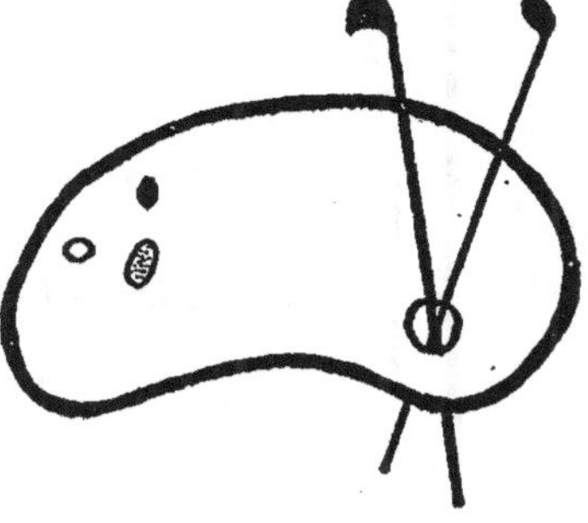

DEBUT D'UNE SERIE DE DOCUMENTS
EN COULEUR

LES

CAPITULATIONS

ET

LA RÉFORME JUDICIAIRE EN ÉGYPTE

RÉPONSE

AU JOURNAL L'*ÉGYPTE* ET A LA PÉTITION DE M. DE LESSEPS

EN DATE DU 17 DÉCEMBRE 1869.

PARIS

E. DENTU, LIBRAIRE-ÉDITEUR

PALAIS-ROYAL, 17 ET 19, GALERIE D'ORLÉANS

—

1870

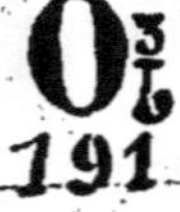

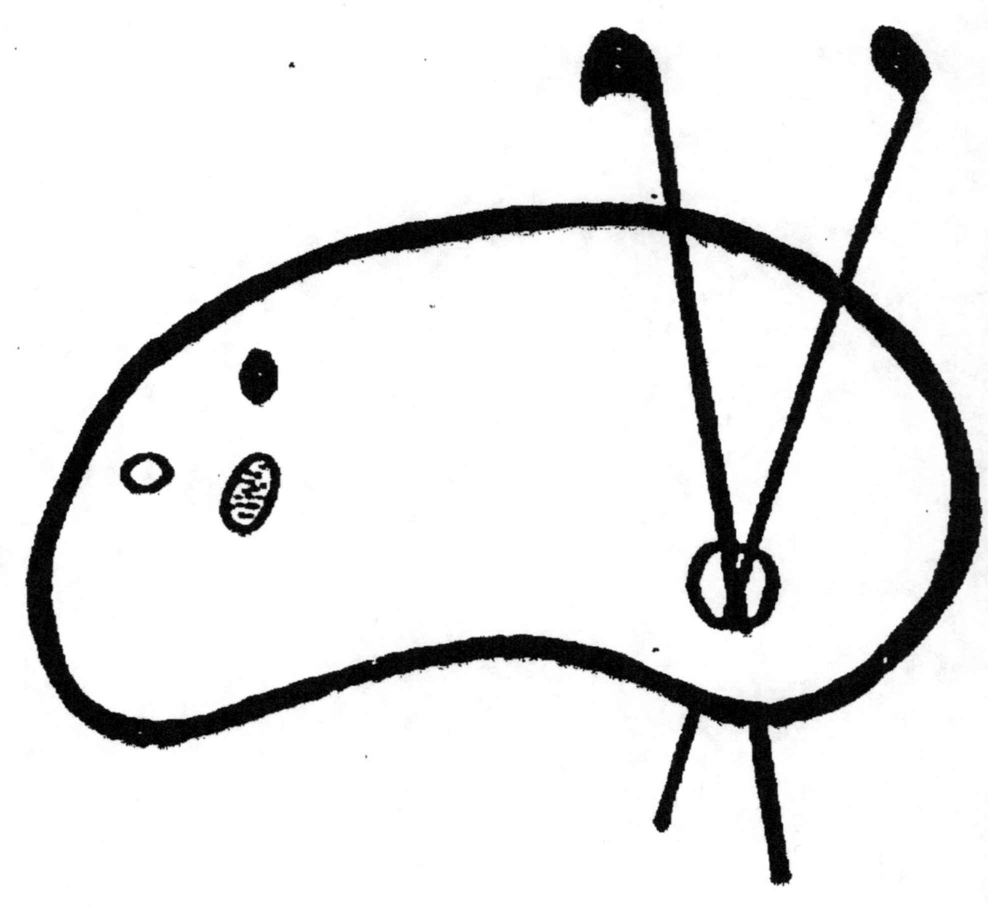

FIN D'UNE SERIE DE DOCUMENTS
EN COULEUR

LES CAPITULATIONS

ET

LA RÉFORME JUDICIAIRE EN ÉGYPTE

RÉPONSE

AU JOURNAL L'*ÉGYPTE* ET A LA PÉTITION DE M. DE LESSEPS

EN DATE DU 17 DÉCEMBRE 1869

PARIS

E. DENTU, LIBRAIRE-ÉDITEUR

PALAIS-ROYAL, 17 ET 19, GALERIE D'ORLÉANS

1870

LES
CAPITULATIONS

ET

LA RÉFORME JUDICIAIRE EN ÉGYPTE

———◦———

I

Les capitulations méconnues.

Le journal l'*Égypte*, en son numéro des 20-21 mars 1870, prend naturellement la défense des prétentions du khédive ; nous ne saurions, cependant, croire à l'ignorance dont se plaint ce journal, ignorance qui aurait propagé, dit-il, l'erreur consistant à confondre les capitulations avec l'unité de juridiction, ou réforme judiciaire projetée par le vice-roi d'Égypte, et qui a été l'objet des préoccupations de la commission internationale réunie au Caire et présidée par Nubar-Pacha.

Nous pensons, au contraire, qu'on a trop propagé l'idée de différence entre les capitulations et la réforme judiciaire projetée ; que c'est même cette différence trompeuse qui aurait porté quelques Européens à certains actes regrettables pour l'unité d'opinion relative à cette réforme.

Nous voyons bien une différence réelle entre les capitulations et la réforme judiciaire, mais cette différence consiste tout simplement en ce que les capitulations ou traités imposés aux nations orientales, acceptés par elles et profitables à toutes les nations européennes, forment, par leur collection, comme un Code, qui est la garantie des Européens, et que la réforme judiciaire en est la négation.

Et, en effet, les capitulations, qui n'aliènent en aucune façon les droits de la justice territoriale en ce qui concerne les indigènes entre eux, n'ont pas pour objet de régler les rapports des Européens entre eux; au contraire, le principal objet de ces capitulations ou traités, a été, et est encore, de régler les rapports des Musulmans avec les Européens, parce que l'indolence et le fanatisme des peuples orientaux, l'état d'enfance où est depuis longtemps retombée la civilisation orientale, l'exigeaient jadis comme aujourd'hui.

Pour reconnaitre l'objet des capitulations, il suffit d'ouvrir l'un quelconque de ces traités : on y verra, dans les uns comme dans les autres des stipulations en faveur des Européens, des défenses aux sujets et aux autorités ottomanes, notamment de leur faire subir telle ou telle avanie, comme de s'immiscer dans les différents des Européens entre eux, différents *expressément réservés à l'examen et au jugement des Consuls.*

Dans l'article 5 des capitulations autrichiennes du 27 juillet 1718, nous lisons : « Se ad alcune fosse devuto « qualche cosa da un mercante Cesareo-Regio, il creditore « devrà esigere il suo debito per mezzo dei consoli, vice- « consoli, et interprete dal suo debitore, et da nessun altro... »

« Si à aucun, il était dû quelque chose par un marchand
« impérial-royal, le créancier devra exiger ledit dû par le
« moyen des consuls, vice-consuls et interprètes de son dé-
« biteur et de personne autre. »

Ces textes n'ont pas besoin de commentaires ; remarquons
seulement que toutes les capitulations françaises et notamment l'article 32 du traité de Paris de 1856, garantissent
aux Français *le traitement de la nation la plus favorisée.*

Comment donc mettre en avant cet argument : « *Que les*
« capitulations *n'ont pour objet que de régler les rap-*
« *ports des Européens entre eux.* » Une cause est bien
mauvaise, quand elle doit recourir à l'affirmation isolée, aux
dépens des vérités les plus palpables ; cela pourra surprendre en Europe, mais ici rien de plus ordinaire, comme
de citer un texte et d'en supprimer ce qui convient pour les
besoins du moment ou de la cause, de là, conséquences illo-
giques qui déguisent si mal ici l'arbitraire.

Ce qu'il y a de plus triste devant les prétentions inconsi-
dérées du vice-roi d'Égypte, c'est de voir M. de Lesseps
lui-même, se servir de l'argument ci-dessus anéanti.

Dans sa vive imagination et dans la persévérance qui l'a
distingué, il voudrait créer la réalité de cet argument et cela
pour percevoir plus facilement les revenus de l'isthme, sa-
voir : les droits de passage sur le canal, et le prix, à partager
par demie avec le vice-roi, des ventes de terrains que bordent
le canal.

Pour ces deux résultats, pour la sécurité des relations
de la Compagnie de Suez avec les diverses nationalités dans
les questions contentieuses à propos du passage des navires,
pour la sécurité de la possession et de la disponibilité des

terrains susénoncés, faut-il compromettre la sécurité, et peut-être l'existence des colonies européennes en Egypte?... ou se laisser entraîner dans une voie qui conduit fatalement à de sanglantes représailles? faut-il pour un intérêt privé risquer de sacrifier l'intérêt général?

Que M. de Lesseps ne demande-t-il des lois, des règlements particuliers et tout neufs, exclusivement applicables à la Compagnie de l'isthme, qui n'existe pourtant que par les capitulations; que ne demande-t-il, d'une façon moins détournée et en appelant la chose par son vrai nom, la modification ou la réforme des capitulations en ce qui concerne la Compagnie de l'isthme qui, en tant qu'*égyptienne*, *subit* les capitulations : là, au moins, on verrait fonctionner cette réforme sur une moindre échelle. Nous ne serions jamais de l'avis d'un tel essai parce qu'il peut coûter trop cher, mais au moins ses résultats dangereux n'atteindraient peut-être pas tout à fait le reste des colonies européennes en dehors de l'isthme, et on comprendrait mieux, si M. de Lesseps conçoit de si grandes difficultés dans la perception de ses revenus et prix de vente, on concevrait mieux, disons-nous, cette demande de sa part; mais, au lieu de cela, vouloir engager, de gaieté de cœur et pour l'unique amour de la Compagnie du canal de Suez, la colonie européenne tout entière sur une pente aussi fatalement désastreuse, voilà ce que nous ne comprenons pas.

Dire qu'il faut ce que M. de Lesseps demande, ou que l'avenir du canal est perdu, voilà ce que nous ne croyons pas.

Que le gouvernement égyptien, à bout de crédit et de moyens, jette à l'Europe entière cet insolent défi : « Vous « perdrez vos capitaux dans l'isthme, ou bien vous noûs « laisserez fouler aux pieds vos capitulations qui ont fait

« votre influence, votre commerce, votre garantie contre
« le despotisme de notre bon plaisir, » cela peut être témé-
raire, mais c'est peut être ce qui résulte de la clause suspensive que voici, citée par M. de Lesseps : « La Compa-
« gnie ne peut disposer des terrains dans de certaines con-
« ditions, ni les mettre en vente avec bénéfice, qu'après
« l'issue des négociations engagées avec les puissances
« sur la réforme judiciaire. »

Ce n'est pas la première fois que le gouvernement égyptien impose pour condition à telle ou telle solution une fin
conforme à ses vues dans lesdites négociations.

Ce n'est pas la première fois que la pression des Turcs est
blessante pour la dignité et les intérêts européens.

II

L'isthme et les capitulations.

« La Compagnie de Suez, dit M. de Lesseps, est une
compagnie égyptienne sujette, comme l'a voulu l'ambassadeur de V. M. à Constantinople, aux mêmes obligations et
conditions judiciaires que le gouvernement et le peuple
égyptien. » Nous trouvons très-curieuse la parenthèse « ainsi
que l'a voulu l'ambassadeur..., » car nous croyons que ce
n'est pas l'ambassadeur de France qui a voulu rendre la
Compagnie de Suez, presque toute composée de Français,
sujette à la juridiction turque ; l'ambassadeur, au contraire,
n'a fait que subir l'exigence de la Porte, pour que la Compagnie de Suez fût ; la seconde parenthèse : « ....comme

condition du firman d'approbation..., » justifie le fait de cette exigence. On peut donc dire que l'ambassadeur a subi l'effet d'une double exigence, car en acceptant la juridiction turque pour la Compagnie de Suez, il renonçait de droit ou en des termes quelconques à ce qu'elle bénéficiât des capitulations.

Vu les circonstances qui ont précédé, les termes dont se serait servi l'ambassadeur, termes relatés par M. de Lesseps, ils ne peuvent vouloir dire autre chose au fond, puisque, d'ailleurs, toute compagnie turque ou égyptienne subit de droit les capitulations. Cependant, et ce fut peut-être l'effet de l'extrême répugnance de l'ambassadeur en cette circonstance, ces termes sont tels qu'au lieu d'y voir avouer la double exigence susénoncée, on serait tout d'abord tenté de se dire, en les lisant : les obligations et conditions judiciaires du gouvernement et du peuple égyptiens, étant notamment de respecter les capitulations, la Compagnie de Suez, puisqu'elle est égyptienne devra rester assujettie aux capitulations, et que c'est là tout ce qu'a voulu dire l'ambassadeur.

Il est bien possible que l'ambassadeur ait voulu, surabondamment, dire cela et c'est peut-être la moindre des choses qu'il aurait voulu, mais vu les circonstances d'alors il dut surtout exprimer que la Compagnie ne bénéficierait pas des capitulations, en évitant de prononcer ce mot de capitulations qui blesse l'orgueil turc et qui froissait la dignité de l'ambassadeur en cette circonstance où il renonçait pour la Compagnie de Suez, à ces capitulations qui avaient été si nécessaires aux travaux mêmes de l'Isthme, à ces capitulations, garanties des temps passés et des temps présents.

Ne semble-t-il pas que l'Orient tendrait singulièrement à s'émanciper à nos dépens? On s'y permet de ces manières d'agir dont l'idée n'y aurait pu tomber jadis dans l'esprit de personne. Il est fâcheux d'habituer ainsi les Turcs à si bien réussir dans leurs pressions, ils finiront par ne plus douter de rien ; c'est l'impression qu'on reçoit en Egypte et qui fait sentir d'autant plus aux Européens la nécessité de s'unir et de conserver intactes les garanties actuelles ; M. de Lesseps comprenait, il y a peu de temps encore, l'importance de ces garanties, quand, sur ses démarches, fut blâmé un consul général de France qui s'était permis, contrairement aux capitulations, de menacer les Français travaillant au canal de Suez de les abandonner à la juridiction locale, et c'est aujourd'hui ce même M. de Lesseps qui vient de mander non-seulement de consacrer l'asservissement de la Compagnie de Suez à une juridiction locale, mais qui veut étendre cet asservissement aux colonies européennes d'Egypte : assurément, ou M. de Lesseps a bien tort aujourd'hui, ou le gouvernement et le peuple égyptiens auraient bien étrangement et bien avantageusement changé depuis ; voyons si c'est bien vrai !

III

Faits.

Est-il vrai qu'il a fallu tous les efforts et l'influence des consuls français pour faire exécuter les engagements pris par le gouvernement égyptien envers la Compagnie égyptienne du canal de Suez et ce en mille circonstances diverses ?

M. de Lesseps, bien que président de la dite Compagnie

toute égyptienne, n'a-t-il pas été très-heureux des garanties actuelles accordées aux intérêts français par les capitulations, pour obtenir du consul général de France à Alexandrie qu'il contraignît le vice-roi à laisser se diriger vers les travaux du canal de Suez les contingents de travailleurs *que le premier acte du vice-roi Ismaïl-Pacha* avait arrêtés dans leur marche ?

Après le décret solennel d'Ismaïl-Pacha relatif à l'abolition de la corvée en Egypte, M. de Lesseps n'envoyait-il pas des télégrammes à Paris annonçant qu'il avait vu en Egypte des milliers de corvéables travaillant à la corvée et déguisés en soldats, et après le démenti télégraphique d'Eram-Bey au nom du vice-roi, M. de Lesseps ne maintint-il pas son dire ?

Depuis le règne d'Ismaïl-Pacha n'est-ce pas au moyen des corvées que se sont faits les chemins de fer et que sont chaque année curés et creusés *des milliers de kilomètres de canaux*, etc., etc. ?

Est-il vrai que l'esclavage a été aboli dans l'empire ottoman, ce qui a valu à Ismaïl-Pacha d'être acclamé à Londres, et que cependant l'opinion générale est que les palais du vice-roi, celui de sa mère et les autres palais des harems du khédive sont remplis d'esclaves blancs et noirs des deux sexes, que de nombreux eunuques, la plupart esclaves eux-mêmes, les gardent à vue ; que le nombre des esclaves se maintient sinon augmente dans presque tous les palais turcs, qu'en conséquence on en achète de nouveaux ; qu'on connaît même la hideuse figure du principal et du plus riche marchand de chair humaine du Caire, qu'on pourrait annoncer et compter ses voyages à Constantinople où il va s'approvisionner de circassiennes dont le prix de revient est si élevé que l'acheteur des belles est présumé à l'avance?

Est-il vrai que, chaque mois, pour ne pas dire chaque semaine, des esclaves fugitifs se réfugient dans les divers consulats et notamment au consulat de France, implorant la protection des consuls pour obtenir ce que la loi ottomane leur accorde, et que les fonctionnaires égyptiens leur refusent : leur carte de liberté?

Est-il vrai que dans la dernière semaine d'avril 1870 il y a eu jusqu'à trois de ces malheureux obtenant en un seul jour, par l'intermédiaire du consul de France au Caire, cette carte qui leur permet de servir des maîtres les payant autrement qu'à coups de bâton?

Est-il vrai que les peines corporelles ont été plusieurs fois solennellement abolies, et que cependant *chaque jour encore on administre des bastonnades régulières dans tous* les bureaux de police de l'Égypte, dans les préfectures ou moudiriehs des provinces, dans les sous-préfectures, chez les chefs de village, dans tous les chantiers et arsenaux du gouvernement, etc. ?

Est-il vrai que la propriété foncière peut demeurer improductive, surtout entre les mains des Européens, parce que des subalternes, sans ordre, dit-on, par suite d'ordres plus ou moins supérieurs, disent-ils, menacent, détournent et au besoin emprisonnent les ouvriers qui la cultivent ou sont chargés d'en récolter les produits?

Est-il vrai qu'on pourra impunément empiéter sur votre propriété, établir des ouvrages qui lui portent préjudice, et que si l'auteur de ces faits est un personnage influent, la réparation du préjudice ne pourra être obtenue pendant nombre d'années?

Est-il vrai qu'on réclame sans droits presque la valeur d'une année d'impôts à l'avance?

Est-il vrai que le vice-roi, faisant fabriquer du sucre et cultiver du coton, a une administration spéciale chargée de ce commerce, que cette administration souscrit des lettres de changes, et que quelques-unes de ces lettres n'ayant pas été payées à l'échéance, le président égyptien du tribunal de commerce du Caire a refusé de faire le protèt que la loi lui ordonnait d'accorder au tiers porteur de ces lettres de change?

Est-il vrai que les jugements de ce tribunal de commerce peuvent n'être pas exécutés, bien que passés en force de chose jugée, si tel est le bon plaisir d'un agent subalterne du gouvernement égyptien? Que ce refus d'exécution a eu lieu pour des jugements condamnant un débiteur à payer des billets à ordre souscrits par lui et reconnus solennellement par lui pendant l'instance?

Est-il vrai que lorsqu'on a le malheur d'avoir un débiteur bien vu des autorités, ces mêmes autorités abusent au besoin de leur pouvoir en vous menaçant de retarder indéfiniment l'exécution d'une sentence rendue à votre profit, afin de vous forcer d'accepter la réduction d'un huitième de votre créance?

Est-il vrai, enfin, qu'en temps de sécheresse, on a vu des récoltes perdues parce qu'un *méfétich* des propriétés du vice-roi a fait fermer *arbitrairement* toutes les prises d'eau appartenant aux particuliers, sur un canal d'arrosage, afin que la totalité des eaux de ce canal pût arriver aux propriétés de son altesse?

. . . .
. . . .

IV

Intérêts opposés.

Les Turcs n'ont donc pas changé, et on conçoit que la Compagnie de Suez, qui en subit tous les effets parce qu'elle est égyptienne, parce qu'elle a renoncé au bénéfice des capitulations, et qu'elle a accepté la juridiction turque, n'ayant ainsi plus rien à perdre en fait de juridiction, n'aurait qu'à gagner à la réforme judiciaire proposée par le vice-roi : voilà ce qui explique la pétition de M. de Lesseps : elle est, tout simplement, dans l'intérêt exclusif de la Compagnie du canal de Suez, *l'aveu* le mieux déguisé, le plus poli possible, à l'égard du gouvernement égyptien, de *l'impossibilité qu'il y a pour des Européens à vivre sous la juridiction turque*... Mais cet aveu vient à l'appui de notre opinion, et des faits nombreux cités ci-dessus ; il est en conséquence une preuve de plus qu'il y a nécessité de conserver intactes toutes les garanties actuelles et que les intérêts de la Compagnie de Suez sont opposés à ceux de tous les Européens résidant en Orient.

Qu'au moins M. de Lesseps ne dise plus : « Nous ne demandons pas l'abandon des capitulations, nous en voulons au contraire le maintien dans ce qu'elles ont prévu... »

lorsqu'au contraire, après l'acceptation de la réforme judiciaire proposé par le vice-roi, il ne subsisterait absolument
plus rien des capitulations et des autres garanties actuelles ;
l'unique objet du tout étant compris dans la réforme judiciaire proposée, il n'est donc pas possible de jouer davan-
tage sur les mots.

Nous sollicitons, dit M. de Lesseps, un droit nouveau
pour une situation nouvelle qui ne pouvait être prévue par
les capitulations : mais, répondons-nous, cette situation
était prévue, devait être surtout facile à prévoir à l'époque
où vous avez consenti l'abandon des capitulations en ce qui
concerne la Compagnie de Suez ; c'était alors qu'il fallait
demander, du consentement des puissances européennes,
une juridiction spéciale, mais pour la Compagnie exclusivement. Ce droit nouveau, que ne le demandez-vous encore,
mais exclusivement pour la Compagnie de Suez, et non
pas même pour la colonie de Suez qui a les mêmes intérêts
que nous tous ?... Car le reste, M. de Lesseps, ne vous
regarde pas ; vos intérêts sont distincts et séparés des
nôtres, et votre autorité doit être récusée devant les intérêts de la Compagnie que vous représentez, intérêts, nous
ne saurions trop le répéter, contraires à ceux de toutes les
colonies européennes en Égypte.

Sujet à la juridiction turque, elle vous serre dans ses
étreintes : nous concevons votre gêne, nous concevons
même que le khédive, voulant exploiter cette gêne à son
profit, se dise : obtenez-moi l'abrogation des capitulations
et autres garanties actuelles, trop gênantes pour l'exercice
de mon pouvoir absolu, et alors, dans ce cas, et dans ce
cas seulement, je vous promets une juridiction turco-euro-
péenne, une vraie justice par un tribunal à ma solde et
qui sera, de fait, mixte ou international.....

Quand donc le vice-roi d'Égypte cessera-t-il d'opposer à l'Europe ses dénis de justice et ses conditions ? Comment l'empire ottoman, ce cadavre de nation, comme l'appelle certaine puissance, serait-il devenu assez fort pour en imposer à tous, assez rusé pour tromper tout le monde, ou serions-nous affaiblis à ce point, qu'il faille pour le moment subir l'effet de ses caprices, ou assez peu clairvoyants pour ne pas voir ses piéges grossiers ?...

Comment la France, la première avancée dans la voie des garanties nécessaires contre la barbarie et le despotisme, serait-elle la première surprise à des concessions inopportunes et compromettantes ? Nous ne le pensons pas : M. Tricou, son gérant du consulat général à Alexandrie l'a dignement représentée à la réunion internationale du Caire, et les chambres, en dernier ressort, sauront protester contre des exigences de plus en plus croissantes.

Les chambres consulteront , nous aimons à l'espérer, tout ce qui s'est dit dans ces conférences, et si à l'encontre de tant de moyens qui y ont fait pression, des paroles d'une excessive défiance y ont été néanmoins prononcées contre un tribunal à la solde du vice-roi, les chambres comprendront nos justes alarmes, allant au-devant d'imprudentes inopportunités.

V

Juridiction actuelle.

C'est vrai que l'Égypte est soumise , mais seulement dans ses relations avec les étrangers, aux juridictions consulaires, soit si on le veut, à dix-sept tribunaux étrangers différents, selon la nationalité de l'individu étranger contre lequel un Égyptien a des intérêts à débattre; et l'appel est porté devant une cour judiciaire étrangère; mais cela n'a pas lieu, comme le dit M. de Lesseps, *contrairement* aux capitulations, cela a bien lieu, au contraire, *conformément* auxdites capitulations, ainsi que cela résulte du texte cité page 4 du présent.

Ce mode de juridiction n'est donc pas seulement de *fait*, mais bien rigoureusement de *droit* sans aucune discussion possible, et pour s'en convaincre, nous le répétons, il suffit d'ouvrir le recueil des capitulations et des traités imposés aux Turcs par la France et les diverses puissances de l'Europe.

C'est donc bien conformément aux capitulations et non pas contrairement à ces capitulations que tout Turc ou Égyptien en réclamation, c'est-à-dire demandeur contre un Européen, est justiciable du tribunal consulaire de la nation de cet Européen, et trop malheureusement, la réciproque a lieu, c'est ce que ne dit pas M. de Lesseps : tout Européen demandeur contre un Turc ou un Égyptien, doit subir la juridiction turque, c'est-à-dire l'arbitraire.

Du reste, les Européens, pour les différents qu'ils peuvent avoir entre eux, ne sont justiciables que du tribunal du consulat du défendeur : c'est donc là comme une loi de réciprocité, et les Turcs devraient être flattés de se trouver traités sur un tel pied d'égalité; donc, en Égypte, la nationalité du défendeur détermine la juridiction sous l'empire de laquelle doit être jugé le différent, qu'il existe entre Européens seulement ou entre Européens et indigènes. Répétons, au besoin, qu'entre personnes de même nationalité, le différent est jugé par le tribunal consulaire de cette nationalité, de même que toute contestation entre Turcs ou Égyptiens est jugée par le tribunal local.

Nous venons de dire qu'un Européen demandeur subit la juridiction turque, c'est-à-dire l'arbitraire : il semblerait tout d'abord que, le mal a ce degré, mieux vaudrait la réforme judiciaire proposée ; il n'en est rien, et voici notamment pourquoi : la juridiction turque, aux yeux des Européens, est évidemment l'arbitraire, oui ! mais l'Européen n'en subit pas toujours l'effet ; il peut former appel à Constantinople, puis, la plupart du temps, l'autorité consulaire s'interpose entre lui et le juge ; elle réclame contre toute justice mal rendue, contre tout déni de justice ; elle s'adresse même au vice-roi ; porte au besoin, ou menace de porter sa réclamation au ministère de son pays, tandis que d'un autre côté, le plaignant menace de la publicité une juridiction asservie.

Ainsi, les affaires sont arrangées en Égypte, bien plus qu'elles ne sont jugées entre Turcs et Européens, et par ce fait, la juridiction turque se trouve maintenue en général, à l'égard des Européens, en une certaine conformité avec l'équité.

Donc les affaires ne sont, pour ainsi dire, jamais jugées ici, mais si une affaire est mal jugée par un tribunal turc, non-seulement l'Européen a son recours de droit à Constantinople, dont il n'use presque jamais à cause de sa conviction que les juges turcs ne valent pas mieux que les juges égyptiens ; mais il recourt, nous le répétons, à la voie diplomatique dans laquelle son affaire est examinée *et soutenue* si elle est juste ; cet avantage serait à jamais perdu dans la double soumission qu'on lui demande, double soumission qui résulterait pour lui de l'abandon des capitulations et de son assujettissement à un tribunal dont on ignore les tendances et dont l'impartialité n'a pu être préalablement mise à l'épreuve : c'est pourquoi nous aimons mieux « tenir que de courir, » retenir ce que nous avons dans la crainte d'avoir bien pire.

Pour d'anciens résidents en Égypte, qui ayant vu ou ressenti les inconvénients de près, en sont arrivés à ne désirer sur deux maux que le moindre, entendre nous vanter les avantages de la réforme judiciaire en Égypte, c'est comme si l'on voulait préconiser les avantages d'un même code, d'une même juridiction, d'une même religion, pourquoi ne dirait-on pas aussi bien d'un même roi, d'un même empereur ou d'un même président pour toute la terre.

En présence de la civilisation turque, de ses tendances, de ses moyens, comment concevoir un tribunal comme le vice-roi nous en promet un ? Où a-t-on jamais vu, sous le despotisme, un tribunal n'être accessible qu'aux inspirations de sa conscience, et rejeter toute influence extérieure au point de donner tort au despote lui-même ?

Si l'état judicaire actuel est en effet très-compliqué, et on n'en peut disconvenir, à qui la faute ?.... N'est-elle pas au vice-roi qui n'a aucune garantie certaine à nous offrir, puisqu'il n'a pas, ou qu'il n'a pu instituer dans ses propres États un code et une justice indépendante à l'usage exclusif de ses sujets ?

N'est-il pas fort curieux de voir celui qui n'a pu établir l'ordre judiciaire chez lui, se poser en réformateur de notre ordre judiciaire dans nos colonies européennes d'Égypte, et de l'entendre, dans l'exercice du despotisme au dedans, nous demander de nous y soumettre au dehors à titre de simplification ; lisez je vous prie : *de mystification.*

Si le vice-roi trouve l'état judiciaire actuel trop compliqué que ne cherche-t-il à y rémédier, mais dans la cause dudit état, et non pas tout d'abord dans ses effets, comme par le moyen d'une réforme prématurée et préjudiciable pour les intérêts européens et pour leur sécurité personnelle.

Que ne réforme-t-il, simultanément, la justice exécutive telle aujourd'hui, comme nous l'avons montré dans les faits, qu'un simple subalterne intéressé, peut retarder indéfiniment l'exécution des jugements, et sur ce point, si bien que voudra faire le vice-roi, cette justice exécutive devant rester sous la dépendance des employés égyptiens et turcs. l'inconvénient signalé n'est pas réformable, parce qu'il tient à la forme même du gouvernement et à l'état de la civilisation en Égypte et dans tout l'empire ottoman !

Que ne réforme-t-il donc d'abord la justice à l'intérieur ? ce serait, au profit des prétentions du khédive, un premier jalon indispensable dans la voie de la réforme judiciaire telle qu'il l'entend aujourd'hui.

Que ne réforme-t-il. en un mot, la justice pour son propre compte ? La Compagnie de Suez y trouverait le sien et M. de Lesseps, qui ne peut plus supporter les lois du bon plaisir, posséderait la plus grande partie de ce qu'il demande pour l'Isthme, c'est-à-dire *une justice impartiale, indépendante et connue de tous,*

VI

Juridiction demandée.

M. de Lesseps voudrait, en outre, *une justice commune à tous :* comme il ne peut l'obtenir sans l'abandon des garanties européennes actuelles, sans l'humiliante renonciation aux capitulations, nous nous proposons ici d'examiner, au point de vue de M. de Lesseps, les inconvénients de l'état judiciaire actuel, c'est-à-dire de la délégation de la justice à dix-sept tribunaux étrangers, délégation qui n'a lieu, nous ne saurions trop le répéter, que dans le seul cas où l'Européen est *défendeur.*

D'abord observons que nous avons, dans ce qui précède, peut-être un peu généralisé toute chose, comme l'a bien trop fait M. de Lesseps, et quant à ses demandes, et quant aux objets de ses demandes ; une bonne cause n'ayant rien à gagner aux confusions, nous distinguerons, dans les demandes de M. de Lesseps, celles relatives au canal proprement dit, et celles relatives à l'administration et à la vente des terrains de la Compagnie.

VII

Distinction des demandes.

En ce qui concerne ce qui est relatif au canal de Suez proprement dit, M. de Lesseps veut, 1° « la sûreté du passage dans le canal. »

Pour obtenir cette sûreté de passage il veut, 2° imposer à tous les règlements de la Compagnie relatifs au passage; il veut, 3° que ce règlement soit exécuté; il veut, enfin, 4° la sécurité des relations de la Compagnie de Suez avec toutes les nationalités.

Le premier point rentre dans le second; car la sûreté du passage dépend de ce que vaut ou vaudra le règlement unique imposé à toutes les nationalités relativement à ce passage, et quant au second point c'est à la Compagnie à instituer ce règlement et à chaque nationalité qui voudra profiter du passage de l'Isthme à se conformer audit règlement.

Sur le troisième point « il faut que ce règlement soit exécuté » mais cette exécution n'est-elle pas l'intérêt de tous et les consuls seraient-ils donc moins susceptibles de la comprendre que tous autres, voire même qu'un tribunal local si bien composé que nous le voudrions?... Où donc sont pour l'Isthme les inconvénients de la justice consulaire, autrement dit, de la délégation de la justice à dix-sept tribunaux étrangers, (seulement lorsque l'Européen est défendeur)?

Serait-ce le fait même de cette délégation?... Non! sous le rapport d'une justice plus prompte que celle d'un tribunal local unique, encombré d'affaires, toutes urgentes devant des navires en partance, il n'y aurait lieu qu'à se féliciter de cette délégation des affaires à dix-sept tribunaux différents.

Serait-ce, comme l'affirme M. de Lesseps, à cause de la diversité de jurisprudence? Mais la jurisprudence n'est qu'une application, une interprétation de la loi, interprétation nécessaire pour les codes volumineux et ayant quelques fois l'air de se contredire, mais, dans l'espèce, la loi c'est le règlement, le simple et unique règlement, que la Compagnie impose pour donner ses tarifs, prescrire les mesures nécessaires à l'ordre à la sécurité du passage. En cas de doute dans l'application d'une loi, à qui a-t-on recours pour son interprétation? A ceux qui ont élaboré cette loi, et, dans l'espèce, à la Compagnie auteur du règlement. Donc la jurisprudence sera faite par la Compagnie elle-même, si jurisprudence il y a. Mais nous ne voyons pas ce que viendra faire la jurisprudence ou les jurisprudences diverses devant un règlement bien fait, bien et clairement rédigé, règlement que la Compagnie a le droit de modifier et sans aucun doute de commenter au besoin, ce qui ferait la jurisprudence ou les conditions définitives de la Compagnie.

Mais si, faute de s'entendre, une jurisprudence unique et plus rigoureuse si c'est possible, était nécessaire, ne naîtrait-elle pas naturellement et bien promptement de la diversité même dans les premiers moments d'application, car si la jurisprudence peut être nécessaire ou utile dans l'espèce, une jurisprudence unique, il faut en convenir, est aussi nécessaire qu'un unique règlement; il faudrait donc que ce règlement unique fût bien mal fait, et nous ne le pensons pas, pour donner motif d'être à des jurisprudences diverses, à des interprétations diverses du règlement de la Compagnie, et, en tous cas, ces interprétations diverses tendraient nécessairement de plus en plus à s'unifier, on ne peut pas en douter, car c'est l'intérêt des puissances. M. de Lesseps avec son habituelle persévérance saurait bien faire appel à cet intérêt.

M. de Lesseps veut donc plutôt parler des différentes jurisprudences résultant des différents codes étrangers; mais alors cette jurisprudence, ces codes mêmes sont étrangers aux nécessités que M. de Lesseps présente comme motif de sa demande de réforme judiciaire : il veut la sûreté du passage, c'est-à-dire un règlement pour tous et son exécution : qu'ont donc à faire à ces nécessités les diverses juridictions, les diverses jurisprudences interprétant les lois étrangères?... Dans l'espèce, la loi de tous, la loi unique n'est-elle pas le règlement que la Compagnie a le droit d'imposer, que les équipages ont l'obligation de subir, que les consuls sont obligés, intéressés à faire respecter, que les Égyptiens ont le droit et le devoir de faire exécuter?

M. de Lesseps a donc confondu là les intérêts, les nécessités de la sûreté de passage avec les intérêts territoriaux de la Compagnie. Nous soutenons que ces intérêts sont distincts, et, en outre, opposés à ceux des colonies européennes, même de Suez, intéressées comme nous au maintien de l'ordre judiciaire actuel, et qu'une telle confusion ne peut que nuire à une solution logique.

Les jurisprudences étrangères, les codes étrangers intéressent, sans doute, les colonies européennes qui y sont soumises de la manière dite, et les Turcs d'Égypte lorsqu'ils sont demandeurs, mais ils sont étrangers à la sûreté du passage, uniquement assurée par le règlement de la Compagnie, règlement aussi étranger à la jurisprudence et aux codes étrangers, que ceux-ci le sont audit règlement.

Cette confusion et ces inconvénients bien établis, passons au quatrième point des demandes de M. de Lesseps, relatif à la sécurité des relations de la Compagnie de Suez avec toutes les nationalités.

VIII

Demandes relatives au canal.

Comment, M. de Lesseps penserait que la sécurité de ses relations avec les diverses nationalités serait moins sujettes à être compromise par un tribunal local que par les tribunaux consulaires ! Mais la question ramenée à ces termes, il en ressort clairement ce qu'elle a d'insolite et de contraire à la vérité. Comment, les tribunaux consulaires compromettraient plutôt la sécurité des relations étrangères qu'un tribunal local ! Mais ce n'est pas l'intérêt des tribunaux consulaires de compromettre cette sécurité, tout au contraire, et ces tribunaux ont chacun des lois depuis longtemps en pratique, tandis que le tribunal modèle que vous nous promettez en Égypte n'a pas encore ses codes. Pour se ranger de l'avis de M. de Lesseps il faudrait tout au moins croire à l'indépendance et à l'impartialité de ce tribunal modèle, et, précisément, c'est la possibilité de cette indépendance, de cette impartialité qui est contestée avec la plus grande sincérité, tellement que pièces en mains, pour ainsi dire, chacun en Égypte croit pouvoir prédire le sort de ce tribunal.

Nous pensons donc tout l'inverse de M. de Lesseps ; c'est bien au contraire en remettant aux mains d'un tel tribunal la sécurité des relations, qu'on doit les compromettre toutes à ce point, que ces relations mêmes réclameraient bientôt, en présence de faits nombreux, le bénéfice des capitulations pour la Compagnie de Suez et plus encore pour sa prospérité.

Nous pensons aussi que M. de Lesseps, dans sa manière de voir fait bon marché d'un sentiment, pourtant bien connu, qui rapproche les sujets d'un même pays du consul qui le représente, qui relie les Européens de nationalité quelconque, au point de ne pas arguer de cette nationalité pour se dire chacun et avant tout : *Européen*. Ce sentiment général n'est-il pas cependant un miroir fidèle qui ne saurait tromper sur la situation ? N'applique-t-il pas, à lui seul, un blâme mérité à la manière de voir de M. de Lesseps ? Ce sentiment ne se justifie-t-il pas constamment et même par des faits tout récents ? Ne venons-nous pas de voir des députations de toutes les nationalités aller remercier les officiers du consulat général de France à Alexandrie, pour leur courageuse conduite en arrachant des mains de la police égyptienne plusieurs Français, séquestrés contrairement aux capitulations qui sont cependant, Dieu merci ! encore de droit en vigueur ! N'avons-nous pas entendu des Anglais, oui ! des Anglais ! mécontents de l'attitude de leurs commissaires à la conférence du Caire et outrés du refus de s'expliquer de l'un d'eux, s'écrier en pleine gare d'Alexandrie, le chapeau à la main :

« *Vive la France ! c'est elle qui nous sauvera !* »

. . . .

IX

Demandes relatives aux terrains.

Quant aux demandes de M. de Lesseps, en ce qui concerne la vente des terrains de la Compagnie, ce qui l'embarrasse, croyons-le bien, ce n'est pas tant la diversité des juridictions dont il se plaint, que la juridiction turque dont il ne se plaint pas : c'est une grande faute, en effet, d'avoir accepté exclusivement cette juridiction pour la Compagnie de Suez, c'est une faute qui peut avoir ses conséquences, mais encore une fois, est-ce une raison pour les aggraver en rendant solidaires toutes les colonies européennes en Égypte, la colonie de Suez incluse, de la faute originelle à laquelle elles n'ont aucunement participé ? Nous ne le pensons pas ! Nous voyons seulement M. de Lesseps dans l'embarras, tâchons de l'en tirer.

Disons d'abord qu'il serait dans des embarras d'une bien autre gravité si les colonies européennes, comprises celles de l'Isthme, avaient fait comme lui, c'est-à-dire avaient renoncé au bénéfice des capitulations et accepté la juridiction turque ; le dédale eût été alors inextricable autrement que par les armes, c'est-à-dire que l'Europe eut dû reconquérir ses anciennes capitulations et plus encore.

Mais, grâce à Dieu ! nous n'en sommes point là ; si la Compagnie de Suez s'est abaissée, l'Europe est debout qui l'observe et qui saura, comme cela se pratique journellement en faveur des personnes européennes, ramener la justice turque dans la limite de l'équité en ce qui concerne la Compagnie de Suez, égyptienne par circonstance, mais toute européenne au fond. Donc en cela encore M. de Lesseps s'est beaucoup exagéré le mal, d'autant que si, en effet, la vente des terrains devait être paralysée comme il l'appréhende, aucune transaction ne serait possible actuellement entre indigènes et Européens. Or, la pratique prouve journellement le contraire. Journellement l'Européen vend en chancellerie consulaire et l'indigène achète dans la plus parfaite sécurité. Les droits et les fonctions des officiers consulaires et les garanties qu'ils offrent sont donc un avantage pour les indigènes qui sont de la sorte bien débarrassés des lenteurs qu'il leur faut subir et des *pots-de-vins* qu'il leur faut payer de tous côtés lorsqu'ils ont affaire à leurs administrations locales, c'est-à-dire lorsqu'étant vendeurs ils sont dans la nécessité d'effectuer la vente par devant le tribunal du *Mehkémeh*. Tel est, il faut bien l'avouer, la position où se trouve la Compagnie de Suez ; elle a à vendre ses terrains par-devant ce tribunal du *Cadi* qui, en cas de contestation, nous produit tout l'effet d'être juge et partie ; mais ces contestations ne pourraient intéresser la question qu'autant qu'elles seraient exclusivement relatives à la vente, d'autant qu'après la vente la propriété acquise, même par l'Européen, est soumise aux lois du pays.

Or, de quelles contestations peut avoir à se défendre la Compagnie, toute égyptienne, du canal de Suez, pour effectuer librement ses ventes ? Le vice-roi n'est-il pas co-vendeur avec la Compagnie, puisqu'il doit bénéficier, aux termes de la convention du 23 avril 1869, de la moitié des prix de vente ? N'a-t-il donc pas le même intérêt qu'elle ; Que peut donc appréhender la Compagnie de la part du tribunal du *mehkémeh*, qui est sous la dépendance du co-vendeur ? Un vendeur, et un vendeur *qui a besoin d'argent,* peut-il donc mettre des entraves aux ventes qui l'intéressent pour moitié?

Mais, dira-t-on, le vice-roi a déjà mis des entraves par le fait de la clause suspensive que nous allons répéter ici : « La Compagnie ne peut disposer des terrains dans de « certaines conditions, ni les mettre en vente avec béné- « fice qu'après l'*issue* des négociations engagées avec les « puissances sur la réforme judiciaire. » Il y a là une entrave, il faut en convenir, mais il faut ajouter que le vice-roi y avait un intérêt; celui de surprendre l'acceptation de la réforme judiciaire... Qu'on *refuse* nettement cette réforme et alors la clause même que nous venons de reproduire, impose au vice-roi l'obligation de laisser la Compagnie librement disposer de ses terrains indivis; car l'issue des négociations imposée comme terme de la clause suspensive, arrive aussi bien par un refus que par une acceptation de la réforme. Donc non-seulement le vice-roi a cette obligation, mais son intérêt même l'oblige; aussi s'empressera-t-il nous n'en pouvons douter, aussitôt une issue quelconque advenant, de se retourner vers ses intérêts et de lever volontairement l'interdiction qui n'aurait plus d'objet pour lui et qu'il n'aurait plus le droit de maintenir.

Enfin la Compagnie obtiendrait-elle la réforme judiciaire, en serait-elle plus avancée? Nous ne le pensons pas, puisque le vice-roi ne peut changer la forme de transmission de la propriété, forme imposée par la Porte-Ottomane, et qui rend obligatoire l'acte de vente devant le tribunal du *Mehkemeh.* Donc, quand bien même le vice-roi réussirait à établir le tribunal modèle, ce tribunal ne pourrait fonctionner en aucune sorte pour ce qui concernerait les ventes de terrain de la Compagnie.

Ainsi, même en ce qui concerne les ventes des terrains,

les demandes de M. de Lesseps n'ont rien de fondé, rien d'essentiel pouvant intéresser ces ventes.

Quand à l'administration des terrains, c'est un objet pour ainsi dire nul ici; quand il s'agit de vendre il ne s'agit plus en effet d'administrer.

M. de Lesseps a donc été trompé comme par un effet de mirage, mais le phénomène dissipé laisse-t-il voir autre chose qu'une lutte entre l'abolition des capitulations et un tribunal plus ou moins à la dévotion du vice-roi, tribunal sur l'indépendance duquel la Compagnie de Suez, livrée qu'elle est aujourd'hui à la juridiction locale actuelle, fonderait quelque espérance et qui serait *l'abolition des garanties les plus précieuses pour les Européens en Orient.*

X

A qui la faute?

Comment, les vice-rois d'Egypte se sont maintes fois vantés de l'influence acquise, et certains de nos consuls mêmes n'auraient pas été ménagés, et vous voudriez nous faire croire que l'usage turc s'en tiendrait là et que le gouvernement des pots-de-vin ne chercherait pas à faire pénétrer la corruption dans l'enceinte même de la justice?..... Cet état, dont vous vous plaignez, de la justice en Egypte et qui la met comme sous la tutelle des consuls quand un européen est demandeur, cet état, disons-nous, n'est-il pas le fait même de cette corruption qui rend la juridiction turque impossible ailleurs que sur un peuple asservi et sans souvenirs de son passé?... Au reste, si cela n'est pas que ne le démontrez-vous à l'Europe qui vous observe? Si au milieu de la servitude quelques caractères indépendants et intègres ont pu rester debouts, que ne vous adressez-vous à eux pour composer un tribunal pour vous-même d'abord, et qu'avez-vous besoin de l'Europe et de la concession de tous ses droits pour créer ce tribunal d'essai tout d'abord à votre usage? Mais pour cela il faudrait renoncer aux mesures arbitraires, il faudrait assurer ces juges intègres qu'à la première décision qui ne vous conviendra pas, ils ne seront pas destitués pour le moins, sinon envoyés dans les marécages brûlants du Soudan.

« Je ne me fierais pas à un bon tribunal égyptien, nous disait une dame, depuis longtemps en Egypte, car on le fera admirablement fonctionner le temps nécessaire pour le faire accepter par les Européens, et aussitôt qu'ils auraient abandonné les capitulations et accepté la juridiction de la composition du vice-roi, vous verriez, le naturel revenant au galop, le tribunal d'alors s'abaisser au niveau des tribunaux actuels. » Cette dame avait raison : un long temps, une expérience de plusieurs générations peuvent seuls démontrer si une bonne justice a pris racine dans le sol de la servitude.

Nous avons répondu à M. de Lesseps, nous avons, nous l'espérons, démontré le non fondé de toutes ses demandes, il nous reste à examiner le travail que nous venons de nous procurer de la commission internationale du Caire, et à démontrer que les conclusions de son rapport collectif sont inadmissibles pour les Européens : c'est ce que nous tâcherons de faire dans un prochain travail.

Paris, imprimerie Paul Dupont, rue Jean-Jacques-Rousseau, 41. (2317.6.70)

195